TEA SWEETS

# お茶のお菓子

若山曜子

抹茶、ほうじ茶、紅茶、烏龍茶…
香り豊かなお茶を加えれば
お菓子がもっと美味しくなる

## はじめに

私の一日は、お茶を飲むことから始まります。
ミルクを入れたマグカップに濃い紅茶を注ぎ、ごくんと飲んでひといき。
胃腸が温まり、穏やかなカフェインの働きでしゃきっとして、そして香りに癒されます。

いろんな国を旅しましたが、どの国にもお茶があります。
紅茶、中国茶、日本では煎茶に抹茶、ほうじ茶。
色も味もさまざまですが、実はお茶といわれるものはツバキ科のチャノキという1つの植物。
加工の仕方がその国の歴史と文化を表していてつくづくおもしろいと思います。
例えば、紅茶はイギリスでもスリランカでも香港でも飲んだけれど、
それぞれに違い、どれもたいへん美味しいのです。
フランスは個人的に最も紅茶のおいしくない国の1つだと思いますが、抹茶やほうじ茶は人気で、
日本人からすると、料理やデザートにちょっと驚くような使われ方をしていることもあります。

お菓子に茶葉の香りをつけると飲むお茶とは少し印象が変わります。
他の材料を引き立てながら、最後にふわりと香りを主張するのです。
お菓子は甘いものだから最後はどうしても甘さが口に残るけれど、
すっと軽やかにそのくどさに幕を閉じ、香りの余韻を深く残します。

家庭のお菓子は、パティスリーのように手間と材料をかけてはいられません。
身近な素材を生かしてなるべく簡単に作り、ベストなタイミングに食べる。
それが家で作るお菓子の良さだと思っている私ですが、
茶という＋αを加えることで、もう1つ先の、印象深いお菓子が作れると思うのです。

このお茶は柑橘に合う？それともミルク？つるんとしたゼリー？それともサクッと香ばしい焼き菓子？
日頃、気にせずに飲んでいるお茶の風味をとらえ直して、さまざまな食材と合わせて
ひとつのお菓子に組み立てる。主張の強いバターや粉の香ばしさを考慮に入れつつ、
茶葉の香りをフランス人が日本茶を飲んだ時のような、先入観なしの目で見つめ直す。
風味を重ね、ハーモニーを生み出すお茶のお菓子のレシピ作りは、
まるでオーケストラの指揮者になったような、心の躍る楽しい経験でした。

「寒い時、茶はあなたを温めてくれる。暑い時は冷やしてくれる。
落ち込んでいる時は励ましてくれる。興奮した時は宥めてくれる。」
19世紀のイギリスの首相、ウィリアム・グラッドストンの言葉だそうですが、この言葉の通り、
私がお茶を好きな理由は（あまりに日常のものなので好きだとも思っていませんでしたが）
お茶を味わうと心が休まるからだと思うのです。

世界中で愛され続けるさまざまなお茶の香りを封じ込めたお菓子。
作る時も食べる時も癒され、そして食べた後も印象深く心に残る。
香り豊かなお茶のお菓子はそんなお菓子たちだと思います。

若山曜子

# Contents

## Chapter.1

# 焼いて作るお茶の菓子

［ この本のルール ］

・小さじ1は5mℓ、大さじ1は15mℓ、
　1カップは200mℓを表します。
・オーブンの温度と加熱時間はガスオーブンを使用した場合です。
　熱源や機種により焼け具合が異なるため、
　様子を見て温度や時間を調節してください。
・電子レンジの加熱時間は600Wを使用した場合です。
　機種により熱のまわり方が異なるので、
　様子を見て時間を調節してください。

## Chapter.2

# 冷やして食べたいお茶の菓子

## Chapter.3

# 小さなお茶の菓子

# お茶のお菓子作りで
# 大切なこと

**お菓子に向く茶葉**　飲んでおいしいお茶の葉が、そのままお茶のお菓子に適しているとは一概に言えません。お菓子の材料には、バターやチョコレートなどの油脂分を多く含む濃厚なものが多く、お茶の繊細な風味をマスキングしてしまうのです。油脂分の多い材料をたっぷり使うお菓子には、繊細な風味の茶葉より、渋みや苦味も含めてしっかりと風味の出る茶葉がおすすめです。
いっぽう、ゼリーやシロップ、メレンゲ菓子などの油脂分を使わずに作るお菓子には、とびきりおいしくて香りのよい茶葉をぜひ使ってください。飲んだときの風味をそのままお菓子に表現できるので、茶葉のパッケージを開封した途端によい香りがふわっと広がる、そんな茶葉を使いましょう。

**茶葉の量**　茶葉の使用量の見きわめも大切です。油脂分の多い材料をたっぷり使うお菓子は、茶葉の使用量が少ないと風味が出ません。お茶の味が足りないと感じたら、量を増やしてみましょう。ただし、量を増やすと渋みやえぐみも強まるので、増やしすぎには注意が必要です。

**茶葉の大きさ**　お茶の葉は種類によって大小さまざまあります。例えばティーバッグの茶葉は、どの種類も比較的細かめで、リーフティーはそれにくらべると大きめです。この本のお菓子作りには細かい茶葉が適しています。抽出時に濃い風味が出やすく、生地に混ぜたり焼き込んだりしたときに口の中に残りにくいからです。できるだけ細かくしたほうが使い勝手がよいので、この本ではほとんどの場合、ティーバッグの袋から茶葉を取り出してすり鉢で細かくすりつぶしています（すでに粉状に細かくなっている場合はその必要はありません）。

### 味が出にくい場合は
### パウダーを使う

お茶の風味をもっと強く出したいときや、口の中に葉が残るのが気になるとき、茶葉から抽出する時間がないときには、パウダー状に加工された市販のお茶パウダーを使用するのもひとつの方法です。パウダー状の茶葉は抹茶だけでなく、紅茶やほうじ茶なども市販されています。

### メーカーによる味の違い

同じ種類のお茶でも、メーカーによって味や香りは変わります。この本の分量通りに作っていただいても、茶葉のメーカーが違えば仕上がりのお菓子の風味は変わってきます。特に、アールグレイのベルガモットの香り、ミントティーやカモミールティーなどのハーブティーの香り、ほうじ茶の香ばしさの程度は、メーカーによってかなり違います。試しに飲みくらべて、好みのものを選ぶことをおすすめします。また、気になる方は無農薬や有機栽培のお茶を使うと安心です。
ハーブ類を自家栽培している方は、ぜひ葉や花を乾燥させて使ってください。とびきりよい香りのお菓子が楽しめます。

### お茶の保存方法

お茶は香りが逃げやすく、紫外線の影響を受けやすい食品です。いったん開封したら、密封性や遮光性のある容器に移して冷暗所で保存するのがおすすめです。

2_Earl Grey tea

1_Assam tea

3_Chamomile tea

# お茶図鑑

本書のお菓子作りに使った茶葉を
一挙ご紹介。おなじみの紅茶から、
抹茶、中国茶、ハーブティーにい
たるまで、味も香りもさまざまです。

6_Mixed Herb tea

4_Lemon Verbena tea

5_Mint tea

## 1_紅茶 アッサム

インドのアッサム地方産の紅茶。数
ある紅茶の中でも水色が濃く、風味
もコクもしっかりしているため、牛乳
や生クリーム、スパイスなどとも相性
が抜群。ミルクティーやチャイ風味の
お菓子を作りたいときにおすすめ。

## 2_紅茶 アールグレイ

紅茶にミカン科の柑橘類ベルガモッ
トの香りをつけたもの。華やかな香り
がお菓子の甘さに寄り添い、おいしさ
をワンランクアップ。りんごやオレン
ジなどの甘酸っぱい果物との相性が
抜群。本書ではトワイニングのティー
バッグを使用。

## 3_カモミールティー

花がたっぷりついていて、開封した
途端に花の甘い香りが広がるものが
おすすめ。枯れ草のような味や香り
のものを使うとお菓子もその味になっ
てしまうので注意。本書では国産無
農薬の花つきジャーマンカモミール
を使用。

## 4_レモンバーベナ

ベルベーヌとも呼ばれるハーブ。レモ
ンによく似たさわやかで心地よい香り
が魅力。苗が見つかれば自家栽培が
おすすめ(丈夫で育てやすい)。写真
はわが家の鉢植えを乾燥させたもの。

## 5_ミントティー

清涼感が強く風味がはっきりしてい
るペパーミントがおすすめ。枯れ草
のような黄色っぽいものではなく、緑
がかった香りのよいものをぜひ使って。
本書では茶舗山年園の国産農薬不使
用ペパーミントティーバッグを使用。

## 6_ミックスハーブティー

さまざまなドライハーブをブレンドし
たもの。おすすめはペパーミントを
ベースにレモンに似た香りの葉(レモ
ンバーベナやレモングラス)と花(カ
モミールやバラ)などをミックスした
もの。お好みのものを使って。

## 7_抹茶

緑茶の葉をパウダー状にしたもの。乳製品やチョコレートなどのリッチな材料と合わせても風味がしっかり残り、若葉のようなさわやかな緑色も魅力。製菓用のパウダーも市販されており、本書では cotta の製菓用宇治抹茶パウダーを使用。

## 8_ほうじ茶

煎茶などの葉を焙煎したもので、焙煎度合いは商品により異なる。お菓子作りには焙煎が深めの香ばしいタイプがおすすめ。本書では茶葉は伊藤園のプレミアムティーバッグ、パウダーは cotta の宇治ほうじ茶パウダーを使用。

## 9_そば茶

穀物であるそばの実を焙煎したもの。そば特有の香ばしい風味に焙煎香が重なって深みがあり、かりかりとしたナッツのような歯ごたえも魅力。粒が大きいと口に残るので、軽くすりつぶして使用。

## 10_烏龍茶

中国や台湾で親しまれている半発酵の青茶の総称。やわらかな味と香りがお菓子に独特のニュアンスを与える。さまざまな銘柄があるのでお好みのものを選んで。本書では香りも味も優美にして繊細な東方美人を使用。

## 11_プーアル茶

中国緑茶に微生物を植えつけて発酵させた黒茶（後発酵茶）。本書では円盤状に固められたものを砕いて使用。年代ものはビンテージワインさながら、煙、干し草、果実、花など、さまざまにたとえられる深く複雑な味わい。

## 12_ジャスミンティー

中国緑茶にジャスミンの花の香りをつけたもの。華やかで豊かな香りがあり、お茶の味もしっかりめで、乳製品やチョコレートなどにも負けないお菓子向きのお茶。本書では伊藤園のティーバッグを使用。

8_Hojicha

7_Matcha

9_Buckwheat tea

12_Jasmine tea

11_Pu-erh tea

10_Oolong tea

# 材料について

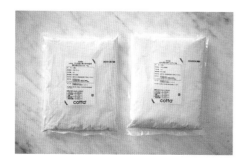

## 薄力粉

この本では、なめらかでしっとりした食感に仕上げたいケーキなどには、「ドルチェ」(北海道産小麦100%)を使用。サクサクした食感に仕上げたいクッキーなどには、「エクリチュール」(フランス産小麦。タンパク量がやや多め)を使っています。どちらも一般的な薄力粉でもOK。

## 砂糖

溶けやすい細目グラニュー糖を主に使用。粉砂糖はパウダー状で溶けやすいため、口溶けよくホロホロに仕上げたい焼き菓子に使うほか、仕上げにふりかけることも(溶けないように加工したタイプもありますが、生地には使用できません)。きび砂糖はコクがあります。

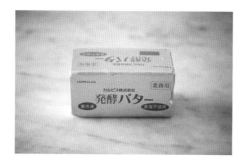

## バター

食塩不使用のものを使っています。使用量の多いものは発酵バターを使うと軽く仕上がりますので、お好みで使用しても。

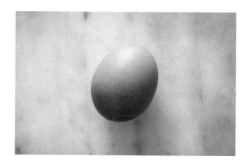

## 卵

1個50g(殻なしの重量)の鶏卵を使っています。分量がグラム表示のレシピは、溶きほぐして状態を均一にしてから計量しましょう。

## 生クリーム

生乳を原料とする純生クリームを使っています。軽やかに仕上げたいときやチョコレートを溶かすときは乳脂肪分35～36%のもの、水分を加えて使う場合などには40%台のものを使っています。

## ベーキングパウダー

焼き菓子用の膨張剤。この本ではアルミニウムフリーのものを使っています。開封後に長期保存すると膨らませる力が弱まるため、使う頻度に応じた分量のものを買うのがおすすめです。

Chapter.1

# 焼いて作る
# お茶の菓子

生地、クリーム、シロップなど、い
ろいろなパーツからお茶の風味があ
ふれ出す、楽しい仕立てのお菓子を
ご紹介。抹茶、ほうじ茶、アールグ
レイなど、あなたの好きなお茶風味
のケーキが必ず見つかります。

# ほうじ茶とクリームチーズの
オレンジパウンド

生地にもシロップにも、二重にほうじ茶をきかせてあります。
その香りを探しながら味わううちに、クリームチーズの塩けが顔を出したり、
マーマレードの甘苦さがあらわれたり。
ひと切れで2度、3度と味わいが変化する楽しいケーキです。

作り方 _ p.14

# アールグレイとりんごの
# パウンドケーキ

皮ごと刻んだ紅玉りんごをたっぷり混ぜ込みました。
一日おくとりんごとアールグレイの風味が
なじんで一層おいしくなります。
モザイクのような切り口のかわいらしさも楽しんで。

作り方 _ p.15

# ほうじ茶とクリームチーズの
# オレンジパウンド

## Ingredients

18×7×高さ6.5cmのパウンド型1台分

［生地］
バター … 100g
きび砂糖 … 100g
卵 … 2個
薄力粉 … 100g
ベーキングパウダー … 3g
ほうじ茶の茶葉 … 4g
クリームチーズ（1cm角に切る）… 30g
マーマレード … 40g
グランマルニエ … 大さじ1
［シロップ］
ほうじ茶の茶葉 … 2g
　熱湯 … 50mℓ
きび砂糖 … 大さじ1

┈┈┈┈┈┈┈┈┈┈┈┈┈┈┈┈┈┈┈┈┈┈

［下準備］
・バターと卵は室温に戻す。
・マーマレードにグランマルニエを混ぜる。
・生地用、シロップ用のほうじ茶の茶葉は、
　それぞれすり鉢で細かくすりつぶす（a）。
・シロップ用の茶葉に分量の熱湯をかけ、5
　分ほどおいてから漉し、きび砂糖を加え
　て溶かす。
・型にオーブンシートを敷き込む。
・オーブンは180℃に予熱する。

**1**　ボウルにバター、きび砂糖を入れてゴムべら
で練り、ハンドミキサーの高速でふんわりするま
で泡立てる。
**2**　卵は溶きほぐし、5〜6回に分けて**1**に加えて
そのつどハンドミキサーの低速でむらなく混ぜ込
む（b）。
**3**　薄力粉、ベーキングパウダー、ほうじ茶の茶
葉を合わせてふるい入れ、ゴムべらでさっくりと、
粉っぽさがなくなるまで混ぜる。
**4**　型に**3**の1/3量を入れ、クリームチーズの半量
を散らし、グランマルニエを混ぜたマーマレード
の半量をスプーンでところどころに落とす（c）。
これをもう一度くり返し、残りの**3**を入れて（d）ゴム
べらで平らにならす。
**5**　180℃のオーブンで20分ほど焼き、焼き色が
ついたら170℃に下げてさらに20〜25分焼く。型
から出し、熱いうちにシロップを刷毛でしみ込ま
せる。粗熱が取れたらラップで包む。
⇒翌日からが食べ頃。

a

b

c

d

# アールグレイとりんごの
# パウンドケーキ

## Ingredients

18×7×高さ6.5cmのパウンド型1台分

［生地］
バター … 100g
きび砂糖 … 100g
卵 … 2個
薄力粉 … 100g
ベーキングパウダー … 3g
アールグレイの茶葉 … 4g
りんご（あれば紅玉）… ¾個（約150g）
［シロップ］
アールグレイの茶葉 … 2g
　熱湯 … 50mℓ
きび砂糖 … 大さじ1

- - - - - - - - - - - - - - - - - - - - - - - - - - - - -

［下準備］
・ バターと卵は室温に戻す。
・ 生地用、シロップ用のアールグレイの茶
　葉は、それぞれすり鉢で細かくすりつぶす。
・ シロップ用の茶葉に分量の熱湯をかけ、5
　分ほどおいてから濾し、きび砂糖を加え
　て溶かす。
・ 型にオーブンシートを敷き込む。
・ オーブンは180℃に予熱する。

**1** ボウルにバター、きび砂糖を入れてゴムべら
で練り、ハンドミキサーの高速でふんわりするま
で泡立てる。
**2** 卵は溶きほぐし、5～6回に分けて**1**に加えて
そのつどハンドミキサーの低速でむらなく混ぜ込
む。
**3** 薄力粉、ベーキングパウダー、アールグレイ
の茶葉を合わせてふるい入れ（**a**）、ゴムべらでさっ
くりと、粉っぽさがなくなるまで混ぜる。
**4** りんごは芯を取り、皮つきのまま1.5cmの角
切りにして、¾量を**3**に加えてゴムべらで混ぜ込
む。型に流し入れてゴムべらで平らにならし、残
りのりんごを散らして軽く押し込む（**b**）。
**5** 180℃のオーブンで20分ほど焼き、焼き色が
ついたら170℃に下げてさらに20～25分焼く。型
から出し、熱いうちにシロップを刷毛でしみ込ま
せる。粗熱が取れたらラップで包む。
⇒翌日からが食べ頃。

a

b

# 抹茶とゆずのウィークエンド

抹茶の冴え冴えとした香りにゆずの凛とした酸味で
輪郭を与えます。この生地はパウンドケーキよりも
しっとりとして口溶けがよく、やさしい口当たり。
抹茶とゆずの繊細な組み合わせを味わうのにぴったりです。

作り方 _ p.18

# 抹茶とゆずのウィークエンド

**Ingredients**

18×7×高さ6.5cmのパウンド型1台分

［生地］
バター … 30g
生クリーム（乳脂肪分35〜36%）… 50mℓ
水 … 小さじ2
抹茶 … 10g
卵 … 1個
卵黄 … 1個分
グラニュー糖 … 70g
薄力粉 … 60g
ベーキングパウダー … 3g
［アイシング］
粉砂糖 … 100g
ゆず果汁 … 約大さじ1〜1½
［仕上げ］
ゆずの皮（すりおろし）… 適量

- - - - - - - - - - - - - - - - - - - -

［下準備］
・ 型にオーブンシートを敷き込む。
・ オーブンは180℃に予熱する。

［生地］

**1** フライパンに熱湯を入れ、バターを湯煎で溶かし、そのまま保温しておく（**a**）。
⇒湯は**4**でも使用するので捨てずにおく。

**2** 耐熱容器に生クリームと分量の水を入れ、電子レンジ（600W）で20秒ほど加熱する。

**3** 別の容器に抹茶を入れ、**2**を少量ずつ加えてそのつどミニホイッパーで混ぜ（**b**）、ダマのないなめらかな状態にする。

**4** **1**のバターの容器をフライパンからおろし、フライパンの湯を再び沸かして火を止める。別のボウルに卵、卵黄、グラニュー糖を入れ、湯煎にかけてハンドミキサーの羽根または泡立て器で混ぜながら温める。40℃くらいに温まったら湯からはずし、ハンドミキサーの高速で泡立てる（**c**）。もったりとして、すくって落としたときに生地が折り重なって、形がしばらく残るくらいになったら、低速にして1分泡立てキメをととのえる（**d**）。

**5** **4**に**3**を加え（**e**）、泡立て器でしっかりとむらなく混ぜる。薄力粉とベーキングパウダーを合わせてふるい入れ、ゴムべらで切るようにさっくりと混ぜる（**f**）。まだ粉けが残っているうちに、**1**をゴムべらで受けながら加え、つやが出るまでさらに混ぜる。

**6** 型に流し入れ（**g**）、180℃のオーブンで30分ほど焼く。中央に串を刺して抜き、何もついてこなければ焼き上がり。ケーキクーラーの上に逆さにして型から取り出し、その向きのまま冷ます。

［アイシング］

**7** 小ぶりなボウルに粉砂糖を入れ、ゆず果汁を少量ずつ加えてミニホイッパーでなめらかになるまで溶き混ぜる。
⇒ゆず果汁の量でかたさを調節する。

［仕上げ］

**8** **6**が完全に冷めたらオーブンシートをはがし、上の面の膨らみをナイフで水平に切り落とす。バットなどにケーキクーラーをのせてケーキを上下逆さにして置き、**7**をかけてパレットナイフで塗り広げる（**h**）。ゆずの皮のすりおろしを散らし、アイシングが固まるまで室温に置く。
⇒翌日からが食べ頃。

a

b

c

d

e

f

g

h

# 烏龍茶クリームの
# 黒糖シフォンケーキ

ケーキをすっぽりと覆うクリームは烏龍茶味。
同じ烏龍茶風味のシフォン生地には黒糖で甘みをつけました。
黒糖のコクとかすかな酸味が烏龍茶のやさしい渋みによく合います。
お茶の効果ですっきりした食べ心地になるのも魅力。

作り方_ p.22

# 烏龍茶クリームの黒糖シフォンケーキ

## Ingredients

直径17cmの底取シフォン型 1台分

[生地]
卵 … 4個
黒砂糖（粉状）… 100g
烏龍茶の茶葉 … 4g
　熱湯 … 75mℓ
米油 … 60mℓ
薄力粉 … 120g

[クリーム]
烏龍茶の茶葉 … 4g
　熱湯 … 大さじ2
生クリーム（乳脂肪分40％台）… 50g＋150g
きび砂糖 … 15g

[仕上げ]
黒蜜（お好みで）… 適量

- - - - - - - - - - - - - - - - - - - - - -

[下準備]
・卵は卵黄と卵白に分け、別のボウルに入れる。
・生地用、クリーム用の烏龍茶の茶葉は、それぞれすり鉢で細かくすりつぶす。
・オーブンは170℃に予熱する。

[生地]

**1** 烏龍茶の茶葉に分量の熱湯をかけて冷めるまでおき、漉す。

**2** 卵黄に黒砂糖の¼量を加え、泡立て器でよくすり混ぜる。完全に混ざったら、米油を細くたらしてゆっくりと加えながら泡立てていく（**a**）。もったりとしてきたら、**1**を加えて混ぜ込み（**b**）、薄力粉をふるい入れて粉けがなくまるまで混ぜる。

**3** 卵白をハンドミキサーの高速で泡立てる。白っぽくなってきたら残りの黒砂糖を加え、ツノの先が少しおじぎをするくらいまで泡立てる（**c**）。

**4** **2**に**3**の半量を加え、泡立て器でしっかりと混ぜる（**d**）。残りの**3**を加え、ゴムべらで下からすくうように混ぜる（**e**）。生地をすくって落としたときに、ゆっくりと流れるくらいのゆるさになれば混ぜ上がり。

**5** 型に流し入れ（**f**）、生地に箸を差し入れてぐるぐるとまわして大きな気泡をつぶす。170℃のオーブンで30～35分焼く。型ごと逆さにして瓶などにさして完全に冷ます（**g**）。

**6** 型と生地の間にナイフを入れ、型の側面に沿わせてナイフをぐるりとまわして生地をはがす（**h**）。まん中も同様にはがし、逆さにして型から出す。底板と生地の間にもナイフを入れ（**i**）、底板もはずす。
⇒ナイフは常に型側に押しつけながら動かす。

[クリーム]

**7** 小鍋に烏龍茶の茶葉を入れて分量の熱湯をかけ、冷めるまでおく。生クリーム50gを加え（**j**）、火にかけて沸騰させ、漉して冷蔵庫でよく冷やす。

**8** ボウルに生クリーム150gときび砂糖を入れ、8分立て（ツノがゆるく立つくらい）にする。冷えた**7**を加えてむらなく混ぜる（**k**）。

[仕上げ]

**9** **8**を**6**の上にのせ、上の面、側面の順にパレットナイフで塗り広げ、ペタペタと押しつけて跡をつけて仕上げる（**l**）。
⇒好みで黒蜜をかけて味を変化させながら食べるのもおすすめ（P.20）。

a

b

c

d

e

f

g

h

i

j

k

l

# ハーブティーシフォン

繊細なハーブの香りを楽しむために、
生地をとびきり軽やかにふんわりと仕立てます。
このやさしさにはリッチなクリームより、
レモンが香るさわやかなアイシングがお似合い。

## Ingredients

直径17cmの底取シフォン型 1台分

［生地］

卵 … 4個

グラニュー糖 … 80g

米油 … 60mℓ

ハーブティー

　┌ ミントティーの茶葉 … 4g

　│ レモンバーベナの葉（ドライ）… 1枝分

　└ 熱湯 … 80mℓ

レモン果汁 … 小さじ1

薄力粉 … 85g

［アイシング］

粉砂糖 … 75g

ハーブティー（上記）… 小さじ2

レモンの皮（すりおろし）… 少々

レモン果汁 … 適量

［仕上げ］

ミントやレモンバーベナ（生・あれば）… 適量

- - - - - - - - - - - - - - - - - - - -

［下準備］

・卵は卵黄と卵白に分け、別のボウルに入れる。

・オーブンは170℃に予熱する。

ミントティーの茶葉とレモンバーベナの乾燥葉を混ぜ合わせたもの。これにかぎらず、ミントベースでレモンバーベナやレモングラスなどレモンに似た香りの葉がミックスされた市販のティーバッグが便利。その場合は3袋（9g分）を使う。

［生地］

**1** ハーブティーの茶葉はすり鉢で細かくすりつぶし、分量の熱湯をかけて冷めるまでおき、漉す（**a**）。アイシング用に小さじ2を取り分けておく。

**2** 卵黄にグラニュー糖の¼量を加え、泡立て器でよくすり混ぜる。白っぽくなったら、米油を細くたらしてゆっくりと加えながら泡立てていく。もったりとしてきたら、生地用の**1**とレモン果汁を加えて混ぜ込み、薄力粉をふるい入れて粉けがなくまるまで混ぜる。

**3** 卵白をハンドミキサーの高速で泡立てる。白っぽくなってきたら残りのグラニュー糖を加え、ツノの先が少しおじぎをするくらいまで泡立てる。

**4** **2**に**3**の半量を加え、泡立て器でしっかりと混ぜる。残りの**3**を加え、ゴムべらで下からすくうように混ぜる。生地をすくって落としたときに、ゆっくりと流れるくらいのゆるさになれば混ぜ上がり。

**5** 型に流し入れ、生地に箸を差し入れてぐるぐるとまわして大きな気泡をつぶす。170℃のオーブンで30〜35分焼く。型ごと逆さにして瓶などにさして完全に冷ます。

**6** 型と生地の間にナイフを入れ、型の側面に沿わせてナイフをぐるりとまわして生地をはがす。まん中も同様にはがし、逆さにして型から出す。底板と生地の間にもナイフを入れて底板もはずす。

⇒ナイフは常に型側に押しつけながら動かす。

［アイシング］

**7** ボウルに粉砂糖、**1**でアイシング用に取り分けたハーブティー、レモンの皮を入れ、レモン果汁を少量ずつ加えてミニホイッパーでなめらかになるまで溶き混ぜる。

⇒レモン果汁の量でかたさを調節する。

［仕上げ］

**8** **6**の上に**7**をかけ、パレットナイフで上の面に塗り広げる（**b**）。あればミントやレモンバーベナを飾る。

a

b

# 抹茶とホワイトチョコのガトーショコラ

抹茶の渋みとほろ苦さにホワイトチョコレートのまったりとした
甘みをかけ合わせた重厚な味わい。
薄めに切って、ゆっくりと口の中で溶かすように味わうのがおすすめ。

## Ingredients
### 15cmの角型 1台分

［生地］
ホワイトチョコレート（刻む）… 100g
牛乳 … 大さじ2
バター … 25g
卵 … 2個
薄力粉 … 30g
抹茶 … 10g
グラニュー糖 … 30g
抹茶（仕上げ用）… 適量

- - - - - - - - -

［下準備］
・卵は卵黄と卵白に分ける。
・型にオーブンシートを敷き込む。
・オーブンは140℃に予熱する。

**1** ホワイトチョコレートと牛乳をボウルに入れ、湯煎で溶かす。湯から出してバターを加えて余熱で溶かし、ゴムべらでむらなく混ぜる。

**2** 粗熱がとれたら溶きほぐした卵黄を加え、泡立て器で混ぜて完全になじませる。

**3** 別のボウルに卵白を入れてハンドミキサーの高速で泡立て、白っぽくなったらグラニュー糖を加えて、ツノが立ち先端が少し折れるくらいに泡立てる。

**4** 2に3の半量を加えてゴムべらでむらなく混ぜ、残りの3を加えて切るようにさっくりと混ぜる（**a**）。

**5** 薄力粉と抹茶を合わせてふるい入れ（**b**）、ゴムべらで粉けがなくなるまで切るようにさっくりと混ぜる。型に流し入れる（**c**）。

**6** 天板に熱湯を張ってキッチンペーパーをおき、5をのせ、140℃のオーブンで50分〜1時間ほど湯煎焼きにする。

**7** 湯から出して冷めるまでおき、型のまま冷蔵庫で2時間以上冷やす。シートをはがして温めたナイフで四方の端を切り落とし、好みのサイズに切り分けて茶こしで抹茶をふるいかける（**d**）。

a

b

c

d

# アールグレイと桃のショートケーキ

クリーム、生地、シロップ——
すべてのパーツからアールグレイがふんわり香ります。
ジューシーで甘やかな桃がベストマッチ。
一度食べたら忘れられない味です。特別な日にどうぞ。

作り方_ p.30

# アールグレイと桃のショートケーキ

## Ingredients
### 直径15cmの丸型1台分

［生地］
卵 … 2個
グラニュー糖 … 60g
はちみつ … 小さじ1
薄力粉 … 60g
アールグレイの茶葉 … 4g
A ┌ バター … 10g
　 └ 牛乳 … 20mℓ
［シロップ］
B ┌ アールグレイの茶葉 … 4g
　 └ 水 … 75mℓ
はちみつ … 大さじ1½
［クリーム］
生クリーム（乳脂肪分38〜42%）… 300mℓ
⇒もしくは45〜46%を200mℓと35〜36%を100mℓ
グラニュー糖 … 12g
アールグレイシロップ（上記）… 大さじ3
［組み立て］
桃のコンポート（p.31参照）… 約1½個分
⇒または白桃の缶詰（シロップ漬け）
溶けない粉砂糖 … 適量
アールグレイの茶葉（粉状にすりつぶす）
　　 … 少々

［下準備］
・生地用のアールグレイの茶葉はすり鉢で
　細かくすりつぶす。
・耐熱容器にAを入れて湯煎で溶かし、冷
　めないように保温する。
・型にオーブンシートを敷き込む。
・オーブンは180℃に予熱する。

［生地］
**1** ボウルに卵、グラニュー糖、はちみつを入れ、湯煎にかけてハンドミキサーの羽根または泡立て器で混ぜながら温める。40℃くらいに温まったら湯からはずし、ハンドミキサーの高速で泡立てる。
**2** もったりとして、すくって落としたときに生地が折り重なって、形がしばらく残るくらいになったら（a）、低速にして1分泡立ててキメをととのえる。
**3** 薄力粉とアールグレイの茶葉をふるい入れ（b）、ゴムべらで切るようにさっくりと混ぜる。粉けが少し残るくらいで溶かしたA（温かいもの）を加え、つやが出るまで混ぜる。
**4** 型に流し入れ（c）、180℃のオーブンで10分焼き、170℃に下げて12〜18分ほど焼く。
**5** オーブンから取り出し、型のまま10cmの高さから台にすとんと落とし、すぐにケーキクーラーの上に逆さにして取り出す。逆さのまま冷めるまでおく。

［シロップ］
**6** 小鍋にBを入れて沸かし、火を止めて冷めるまでおく。漉してはちみつを加え混ぜる。

［クリーム］
**7** ボウルに生クリームとグラニュー糖を入れ、8分立てにする（ツノがゆるく立つくらい）。6を大さじ3加えてむらなく混ぜる。

［組み立て］
**8** 桃のコンポートは汁けを切り、6〜7mm厚さのくし形に切る。トッピング用に2枚を取り分けて3等分に切る。
**9** 5の上部を薄くそぎ、3枚に切る（d）。
**10** 一番下の生地を、断面を上にしてケーキ回転台にのせ、刷毛でシロップを塗り（e）、7のクリーム40gをパレットナイフで塗る。くし形に切った桃のコンポートの半量をバラの花のような形に並べ（f）、上にも同量のクリームを塗る。
**11** 一番上の生地を上下を返してのせ（g）、10と同様にシロップ、クリーム、桃、クリームの順に重ね、残りの生地をのせる。

**12**　クリーム50gで表面全体を下塗りし、冷蔵庫で30分ほど冷やす。

**13**　クリーム100gで全体を塗り、パレットナイフを左右に動かして表面に模様をつける（h）。茶こしで溶けない粉砂糖をふり、アールグレイの茶葉をふりかけ、トッピング用の桃のコンポートを飾る。冷蔵庫でよく冷やしてから切り分ける（翌日が食べ頃）。

⇒パン切りナイフを熱い湯で温め、刃をひくように動かしながら切るときれいに切れる。

c

d

[ 桃のコンポート]

**材料**（作りやすい分量）
桃 … 小2個（340g）
シロップ
┌ グラニュー糖 … 100g
└ レモン果汁 … 大さじ½
　水 … 300mℓ

**1**　桃は包丁で割れ目にそって縦にぐるりと1周切り目を入れ、ひねって半分にする。種を取る。

**2**　鍋にシロップの材料を入れて強めの中火で沸騰させ、**1**を断面を下にして入れ、種も加える。オーブンシートで落としぶたをして弱めの中火で1分煮て上下を返す。桃の皮がめくれてきたら火を止める。

**3**　熱いのでピンセットなどで皮をはがして煮汁に戻し、落としぶたをしたまま粗熱がとれるまでおく。

**4**　清潔な容器に皮とシロップを移し、桃が空気に触れないように表面にラップを密着させて、使うまで冷蔵庫に入れておく。

e

f

a

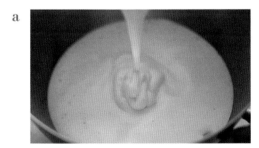

g

b

h

# 烏龍茶のバスクチーズケーキ

烏龍茶の穏やかな渋みとほろ苦さはクリームチーズの酸味と好相性。
チーズケーキの濃厚さが苦手な方も、一度このレシピをお試しあれ。
烏龍茶がくどさをやわらげてくれます。

作り方_ p.34

# 烏龍茶のバスクチーズケーキ

## Ingredients

直径15cmの丸型1台分

［生地］

烏龍茶の茶葉 … 10g

　熱湯 … 75mℓ

生クリーム（乳脂肪分40％台）… 200mℓ

クリームチーズ … 200g

グラニュー糖 … 60g

卵 … 2個

コーンスターチ（または薄力粉）… 10g

［下準備］

・ 卵は室温に戻し、割りほぐす。

・ 烏龍茶の茶葉はすり鉢で細かくすりつぶす。

・ オーブンシートを型よりひとまわり大きく（約30cm四方）切り、さっと水でぬらし、くしゃくしゃにする（やわらかくなって敷き込みやすくなる）。広げて型に入れ、まず底の面に沿わせて角まできっちりと敷き込み、側面にも沿わせる（a）。

・ オーブンは230℃（最高設定が220℃なら220℃）に予熱する。

**1** 小鍋に烏龍茶の茶葉を入れ、分量の熱湯をかけて冷めるまでおく。生クリームを加えて沸騰させ（b）、火からおろす。

**2** 耐熱ボウルにクリームチーズを入れ、電子レンジ（600W）に40秒かけてやわらかくする。泡立て器でなめらかにし、グラニュー糖を加えてしっかりとすり混ぜる。

**3** 2に1を3回に分けて漉し入れ（c）、そのつど泡立て器で混ぜ込む。

**4** 卵を2回に分けて加え、そのつどなめらかになるまで混ぜる。

**5** コーンスターチをふるい入れてなめらかになるまで混ぜ、型に流し入れる。230℃（または220℃）のオーブンで30分ほど焼く。オーブンから出して粗熱を取り、型のまま冷蔵庫に2時間以上入れて冷やす。型から出してオーブンシートをはがし、好みの大きさに切り分ける。

⇒翌日以降が食べ頃（卵の味が落ちついて、お茶の香りが立ってくる）。

a

b

c

## Arrangement

### 烏龍茶のバスクチーズケーキに プルーンの烏龍茶煮を添えて

プルーンを烏龍茶で煮ると甘みが
さっぱりします。
烏龍茶のバスクチーズケーキに添えて
味を変化させるのもおすすめ。

［ プルーンの烏龍茶煮 ］

**材料**（作りやすい分量）
プルーン … 6個
烏龍茶の茶葉 … 4g
水 … 150mℓ
グラニュー糖 … 70g

**1** 烏龍茶の茶葉はすり鉢で細かくすりつぶす。小鍋に
水を沸かして茶葉を入れ、火からおろして冷めるまでお
き、漉す。
**2** 1を鍋に戻し、プルーンとグラニュー糖を入れて弱め
の中火でやわらかくなるまで5〜10分ほど煮る。火から
おろしてそのまま冷めるまでおく。
⇒ケーキに添えたり、お茶うけにもなる。

## Arrangement

### アールグレイと桃のショートケーキを いちじくにかえて

P.31の桃のコンポートを
フレッシュないちじくにかえると、
味も姿もシックな趣きに。

# カモミールとグレープフルーツの
# ビクトリアケーキ

カステラのようにしっとりとして口溶けのよい生地に、
花の甘い香りのカモミール茶葉を焼き込みました。
さわやかさの中に苦味が混じるグレープフルーツジャムと、
乳脂肪分が低めの国産マスカルポーネをサンドして。

**1** ボウルに卵とグラニュー糖を入れ、湯煎にかけてゆっくりと泡立てる。40～50℃に温まったら湯からはずし、ハンドミキサーの高速で完全に冷めるまで5～6分ほど泡立て、最後に低速で1分泡立てキメをととのえる。

**2** Aを合わせてふるい入れ、ゴムべらでさっくりと切るように混ぜる。粉けがなくなったら、溶かしバターをへらで受けながら加え、底からすくうようにしてしっかりと混ぜる。完全に混ざってつやが出たら混ぜ上がり。

**3** 型に流し入れ、180℃のオーブンで10分焼き、170℃に下げて15～20分ほど焼く。型から出してケーキクーラーにのせて冷ます。

**4** 完全に冷めたら、厚みを半分に水平に切る(a)。下の生地にマスカルポーネの半量を塗り広げ、グレープフルーツジャムをのせて(b)塗り広げる。
⇒切る前にナイフでぐるりと一周浅めに切り目を入れておくと、水平に切りやすい。

**5** 上の生地をのせ、残りのマスカルポーネを上に塗る(c)。縁にカモミールティーの茶葉(あれば花・分量外)を飾り、粉砂糖をふるいかける。
⇒翌日が食べ頃。

---

［ピンクグレープフルーツジャム］
**材料**(作りやすい分量)
ピンクグレープフルーツ … 2個
グラニュー糖 … グレープフルーツの正味量の30%量
**1** ピンクグレープフルーツは房どりをして果肉を取り出す(果汁も使う)。果肉と果汁の総重量をはかり、その30%量のグラニュー糖を用意する。
**2** 鍋に果肉、果汁、グラニュー糖を入れて強めの中火にかけ、沸いたらアクをとりながらとろみがつくまで煮る。

---

### Ingredients
直径15cmの丸型1台分

卵 … 2個
グラニュー糖 … 60g
A ┌ カモミールティーの茶葉 … 3g
　├ 薄力粉 … 90g
　└ ベーキングパウダー … 小さじ½(約3g)
バター … 90g
マスカルポーネ … 100g
グレープフルーツジャム(右記) … 100g
粉砂糖 … 適量

［下準備］
・ カモミールティーの茶葉はすり鉢で細かくすりつぶす。
・ バターは湯煎で溶かす。
・ 型にオーブンシートを敷き込む。
・ オーブンは180℃に予熱する。

a

b

c

# ミルクティーの
# ロールケーキ

生地もクリームもミルクティー味。
生地はバターの代わりに植物油を使って
シフォンケーキのように軽やかな食感に仕立てます。
クリームはホワイトチョコレートを
混ぜ入れたリッチなタイプ。
アールグレイやほうじ茶などでもおいしく作れます。

作り方 _ p.40

# ミルクティーのロールケーキ

## Ingredients
### 長さ約24cm 1本分

[生地]
紅茶の茶葉(アッサム) … 小さじ1
  水 … 50mℓ
牛乳 … 大さじ2
卵 … 3個
グラニュー糖 … 50g
米油 … 大さじ2
薄力粉 … 50g

[ガナッシュモンテ]
紅茶の茶葉(アッサム) … 大さじ1
  水 … 50mℓ
生クリーム(乳脂肪分40%台) … 200mℓ
ホワイトチョコレート(刻む) … 50g

- - - - - - - - - - - - - - - - - - - - - - -

[下準備]
・紅茶の茶葉はすり鉢で細かくすりつぶす。
・卵は卵黄と卵白に分け、別のボウルに入れる。
・27cm四方のロールケーキ型(または天板)にごく薄く油を塗り(接着用・分量外)、オーブンシートをシワなくぴったりとはりつけて敷き込む。
・オーブンは200℃に予熱する。

[ガナッシュモンテ] ⇒前日に作業をする

**1** 小鍋に紅茶の茶葉と分量の水を入れて沸かし、火からおろして冷めるまでおく。

**2** 冷めた**1**に生クリームを加えて火にかけ、沸騰直前に火からおろして漉す。

**3** ボウルにホワイトチョコレートを入れ、**2**を¼量加えて泡立て器で混ぜて溶かす。
⇒溶けなければ湯煎で温める。

**4** 残りの**2**を加えてしっかりと混ぜて均一な状態にし、冷蔵庫で一晩(最低6時間)冷やす。
⇒翌日には表面に脂肪分が浮いて分離して固まっている(**a**)。こうなればOK(失敗ではない)。

[生地]

**1** 茶葉を耐熱容器に入れ、分量の水を加えて電子レンジ(600W)で20秒ほど加熱する。牛乳を加えてさらに20秒ほど加熱する。

**2** 卵黄にグラニュー糖小さじ2を加え、泡立て器で白っぽくなるまですり混ぜる。米油を少量ずつ加えてしっかりと混ぜ込み、もったりしたら**1**を加えてむらなく混ぜる。薄力粉をふるい入れ(**b**)、粉けがなくなるまで混ぜる。

**3** 卵白をハンドミキサーの高速で泡立てる。白っぽくなってきたら残りのグラニュー糖を少しずつ加え、ツノがぴんと立つまで泡立てる。

**4** **2**に**3**の半量を加え、泡立て器でむらなく混ぜ合わせる。残りの**3**を加え(**c**)、泡立て器で底からすくうように混ぜ、ゴムべらにかえてさっくりと混ぜ合わせる。

**5** 型に流し入れ(**d**)、カードで表面をならす。200℃のオーブンで8〜10分焼き、オーブンシートごと天板からはずしてまな板などにのせる。上にオーブンシートをのせて冷ます。

[組み立て]

**6** 前日に作っておいたガナッシュモンテをハンドミキサーの高速でツノが立つまでしっかりと泡立てる。

**7** **5**からオーブンシートをはがし、焼き面を上にしてオーブンシートの上にのせる。巻き終わりの生地の一辺の端を斜めに切り落とす(**e**)。

**8** **6**を全量のせ(**f**)、巻きはじめを厚く、巻き終わりを薄く塗り広げる。巻きはじめに1.5cm間隔で切り目を2本入れる(**g**)。

**9** 手前をオーブンシートごと持ち上げて、巻きはじめの生地をしっかりと立てる(**h**)。そのままオーブンシートを巻きすのように使って巻く(**i**)。

**10** 巻き終わったらシートの上からケーキの下側に定規を押し込んできゅっと締めて(**j**)形を整える。シートの上からラップで包み、巻き終わりを下にして冷蔵庫に入れて最低2〜3時間冷やす。
⇒両端を切り落とし、好みの厚さに切り出す。

a

b

c

d

e

f

g

h

i

j

Column

# お茶のジャム

おなじみのジャムに相性のよいお茶の味と香りをプラス。
パンやクッキーにぬったり、ケークやタルトに焼き込んだり、
ヨーグルトやお茶のおともにもどうぞ。

## ほうじ茶ミルクジャム

**材料**（作りやすい分量）
牛乳 … 500㎖
グラニュー糖 … 100g
ほうじ茶の茶葉 … 4g
　熱湯 … 70㎖

**1**　平鍋（またはフライパン）に牛乳とグラニュー糖を入れて強火にかけ、沸騰したら弱火にする。時々混ぜながら、とろみがつくまで30分ほど煮詰める。
⇒口の広い鍋を使うと煮詰まりが早い。
**2**　ほうじ茶の茶葉はすり鉢で細かくすりつぶし、分量の熱湯をかけて冷めるまでおき、漉す。
**3**　煮詰まった1に2を加えてよく混ぜながらひと煮立ちさせ、熱いうちに煮沸消毒した瓶に入れる。
⇒1か月ほど冷蔵保存できる。

## アールグレイ風味の洋梨ジャム

**材料**（作りやすい分量）
洋梨（なければりんご）… 2個（400g）
グラニュー糖 … 洋梨の正味量の40％量
アールグレイの茶葉 … 4g
　熱湯 … 50㎖

**1**　洋梨は芯を取って皮をむき、ひと口大に切る。果肉の重量をはかり、その40％量のグラニュー糖を用意する。果肉を鍋に入れてグラニュー糖をまぶす。
**2**　アールグレイの茶葉はすり鉢で細かくすりつぶし、3gと1gに分ける。3gの茶葉に分量の熱湯をかけて冷めるまでおく。
**3**　1を弱めの中火で10分ほど煮て、とろりとしてきたら2の抽出したお茶を漉し入れてひと煮立ちさせ、2の茶葉1gを加えてひと混ぜする。熱いうちに煮沸消毒した瓶に入れる。
⇒1か月ほど冷蔵保存できる。

Chapter.2

# 冷やして
# 食べたい
# お茶の菓子

つるんとなめらか、口の中をひんや
り涼やかにしてくれる冷たいお菓子
をお茶の風味で仕立てましょう。お
茶の効果で甘みがすっきりするので、
食後のデザートにもぴったりです。

# 抹茶のババロア

抹茶スイーツをこよなく愛する人向けの、味わい濃いひと品。
むちっとして口の中でほわっと溶けていく心地よい食感が魅力。
ブランデー風味のホイップクリームが抹茶の味を際立てます。

作り方 _ p.46

# チャイのパンナコッタ

アッサムなどのコクのある茶葉でミルクティーを作り、
香り高くて後味のかろやかなパンナコッタに。
キャラメルソースはスパイスで香りづけし、
パンナコッタにからめて食べると口の中がチャイの味に。

作り方_ p.47

# 抹茶のババロア

## Ingredients

12cm四方の角型1台分

［ババロア生地］
卵黄 … 2個分
グラニュー糖 … 40g
粉ゼラチン … 5g
　水 … 大さじ1½
抹茶 … 10g
牛乳 … 200mℓ
生クリーム（乳脂肪分40%台）… 100mℓ
［仕上げ／作りやすい分量］
生クリーム（乳脂肪分40%台）… 100mℓ
グラニュー糖 … 7g
ブランデー … 少々

［下準備］
・粉ゼラチンは分量の水にふり入れてふやかす。
・ババロア生地用の生クリームは7分立てにして冷蔵庫で冷やしておく。
・仕上げ用の生クリームは、グラニュー糖とブランデーを加えて7分立てにして冷蔵庫で冷やしておく。
・型にオーブンシートを敷き込む。

**1** ボウルに卵黄、グラニュー糖の半量を入れ、泡立て器で白っぽくなるまでよくすり混ぜる。

**2** 鍋に牛乳を入れて沸騰させ、火からおろす。

**3** 別のボウルに残りのグラニュー糖と抹茶を入れ、泡立て器でよく混ぜ合わせる。**2**を少量ずつ加えてそのつど泡立て器で練り混ぜ（**a**）、なめらかな状態にする。
⇒抹茶にグラニュー糖を混ぜるとダマになりにくい。

**4** **3**を鍋に移して沸騰直前まで温め、半量を**1**に加えて泡立て器でむらなく混ぜる。鍋に戻して弱火にかけ、うっすらととろみがつくまでゴムべらで混ぜながら熱する（**b**）。ふやかしたゼラチンを加えて混ぜて溶かし、ボウルに漉し入れる。

**5** **4**を氷水に当て、ゴムべらで時々混ぜながら冷やす。とろみがついたら、7分立てにした生クリームを加えて泡立て器で下からすくうようにして（**c**）むらなく混ぜる。型に流し入れ、ラップをして冷蔵庫で2時間以上冷やして固める。

**6** 型から取り出してオーブンシートをはがし、熱い湯で温めたナイフで好みのサイズに切る。皿に盛り、仕上げ用のクリームをスプーンでのせる。

a

b
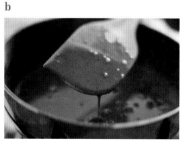

c

# チャイのパンナコッタ

## Ingredients

容量500mℓの型1台分

[ キャラメルスパイスティーソース ]

紅茶の茶葉（アッサムやウバなど）… 6g

カルダモン（ホール）… 1粒

クローブ（ホール）… 1粒 ┐

しょうが（すりおろす）… 少々 ┘ スパイス＊

熱湯 … 70mℓ

グラニュー糖 … 50g

水 … 大さじ1

[ パンナコッタ生地 ]

紅茶の茶葉（アッサムやウバなど）… 8g

　水 … 100mℓ

牛乳 … 200mℓ

グラニュー糖 … 大さじ3

粉ゼラチン … 10g

　水 … 大さじ3

生クリーム（乳脂肪分40％台）

　… 200mℓ

[ 下準備 ]

・ カルダモンは殻を割って種子を取り出し、
　クローブとともにすり鉢ですりつぶす。

・ 粉ゼラチンは分量の水にふり入れてふや
　かす。

・ 生クリームは7分立てにして冷蔵庫で冷
　やしておく。

＊スパイス抜きでプレーンなキャラメルソースを作ると、
ミルクティーパンナコッタとして楽しめる。

[ キャラメルスパイスティーソース ]

**1** 耐熱容器に紅茶の茶葉とスパイスを入れ、分
量の熱湯を注ぐ（**a**）。冷めるまでおき、漉す。

**2** 小鍋にグラニュー糖と分量の水を入れて強め
の中火にかける。縁が茶色に色づいたら、鍋を回
すようにゆらして全体を均一に色づけ、火を止め
て余熱で醤油色にする。**1**を加えて（**b**）ゴムべら
で混ぜ、再び火にかけてとろみがつくまで30秒ほ
ど沸騰させる。冷ましておく。

[ パンナコッタ生地 ]

**3** 鍋に紅茶の茶葉と分量の水を入れて沸騰さ
せ、火を止めて牛乳を注ぎ、グラニュー糖を加え
て混ぜ、再び火にかけて沸騰直前まで温める。ボ
ウルに漉し入れ、ふやかしておいたゼラチンを加
え、ゴムべラで混ぜながら溶かす。

**4** **3**を氷水に当ててゴムべらで混ぜながら冷や
す。少しとろみがついたら、7分立ての生クリーム
を加えて泡立て器でむらなく混ぜる。

**5** 型に流し入れ、ラップをして冷蔵庫で2時間
以上冷やして固める。

**6** 熱いおしぼりなどで型を包み、皿をかぶせて
上下を返し、軽くゆすって皿に取り出す。**2**のソー
スをかけて切り分ける。

a

b

# プーアル茶のプリン

菌を植えつけて発酵させて作るプーアル茶は、
色は黒く、苦味やえぐみがあり、
ほろ苦いキャラメルソースにどこか似ています。
その独特の苦味に乳製品や卵のコクを重ねて、
ひと味違う深みのある大人のプリンに。

## Ingredients

容量70mℓの容器6個分

[ キャラメルプーアルソース ]

プーアル茶の茶葉 … 4g

　熱湯 … 60mℓ

グラニュー糖 … 50g

水 … 大さじ1

[ プリン生地 ]

卵 … 1個

卵黄 … 2個分

グラニュー糖 … 50g

プーアル茶の茶葉 … 4g

　水 … 50mℓ

牛乳 … 300mℓ

[ キャラメルプーアルソース ]

**1** プーアル茶の茶葉に分量の熱湯をかけて冷めるまでおき、茶こしで漉す。

**2** 小鍋にグラニュー糖と分量の水を入れ、強めの中火にかける。縁が茶色に色づいたら、鍋を回すようにゆらして全体を均一に色づけ、火を止める。**1**を加え（**a**）、へらで混ぜる。再び火にかけ、とろみがつくまで30秒ほど沸騰させる。

[ プリン生地 ]

**3** 小鍋で分量の水を沸かしてプーアル茶の茶葉を入れ（**b**）、火を止めて冷めるまでおく。牛乳を加えて再び沸騰させ、火からおろして人肌くらいに冷ます。

**4** 別のボウルに卵、卵黄、グラニュー糖を入れてすり混ぜる。**3**を漉し入れ（**c**）、むらなく混ぜる。再び漉して、耐熱容器に注ぎ分ける。

**5** ペーパータオルを2枚重ねてフライパンに敷き、**4**を並べ入れる。熱湯を2cm深さくらいにはり、布巾で包んだふたをかぶせ（**d**）、弱火で20分ほど蒸し焼きにする。火を止めてふたをしたまま冷まし、冷蔵庫で2時間以上（できれば一晩）冷やす。**2**のソースをかけて食べる。

a

b

c

d

# アールグレイのプリン

アールグレイの心地よい香りが卵特有の匂いをマスキング。
プリン液は卵黄の割合を多めにしてなめらかな口溶けに。
生クリームを入れるとスが入りづらく、とろんとした口当たりに仕上がります。

### Ingredients

容量80mℓの容器5個分

[ プリン生地 ]
アールグレイの茶葉 … 4g
　熱湯 … 50mℓ
牛乳 … 200mℓ
生クリーム (乳脂肪分35〜36%) … 100mℓ
卵 … 1個
卵黄 … 2個分
グラニュー糖 … 50g
[ 仕上げ／作りやすい分量 ]
生クリーム (乳脂肪分35〜36%) … 100mℓ
グラニュー糖 … 7g
ブランデー … 少々

[ プリン生地 ]

**1**　小鍋にアールグレイの茶葉を入れ、分量の熱湯をかけて冷めるまでおく (**a**)。牛乳と生クリームを加えて沸騰直前まで熱し (**b**)、人肌くらいに冷ます。

**2**　別のボウルに卵、卵黄、グラニュー糖を入れ、泡立て器で泡が立たないようにすり混ぜる。**1**を漉して加え (**c**)、むらなく混ぜる。

**3**　**2**を再び漉し、耐熱容器に注ぎ分ける (**d**)。

**4**　ペーパータオルを2枚重ねてフライパンに敷き、**3**を並べ入れる。熱湯を2cm深さくらいにはり、布巾で包んだふたをかぶせ、弱火で20分ほど蒸し焼きにする。火を止めてふたをしたまま冷まし、冷蔵庫で2時間以上 (できれば一晩) 冷やす。

[ 仕上げ ]

**5**　仕上げ用の生クリームにグラニュー糖を加えて6分立てにし、ブランデーを加えて混ぜ、**4**にかける。

a　　　　　　　　b

c　　　　　　　　d

# 抹茶のティラミス

ふんわり口溶けのよい甘いクリームを抹茶の苦味がきりりと引き締めます。
オーブン要らずで気楽に作れて、
スプーンで自由に取り分けられる気の置けないデザートです。

## Ingredients

### 5〜6人分

抹茶 … 8g
　　湯（70℃くらい）… 150mℓ
フィンガービスケット（市販）… 20本
A┌ 卵黄 … 2個
　├ グラニュー糖 … 小さじ1
　└ ブランデー … 小さじ1
卵白 … 2個分
グラニュー糖 … 30g
マスカルポーネ … 250g
仕上げ用の抹茶 … 適量

**1**　抹茶に分量の湯を少量ずつ加え、ミニホイッパーでダマができないように溶きのばす。
**2**　ボウルにAを入れ、湯煎にかけてもったりするまで泡立てる。
**3**　別のボウルに卵白を入れてハンドミキサーの高速で泡立てる。白っぽくなってきたら、グラニュー糖を2〜3回に分けて加えながらツノがぴんと立つまで泡立てる。
**4**　さらに別のボウルにマスカルポーネを入れ、2を加えて泡立て器でしっかりとむらなく混ぜ、3を加えてゴムべらでさっくりと切るように混ぜる。
**5**　フィンガービスケットを1に浸し（a）、容器に10本並べていき（b）、4の半量を流し入れる。もう一度くり返して表面を平らにならし、冷蔵庫で2〜3時間ほど冷やす。仕上げに抹茶を茶こしでふるいかける（c）。

⇒抹茶はぬるめの方がビスケットにしみ込ませやすい。容器のサイズや何層重ねるかは自由。グラスやカップで1人用に仕立ててもOK。

a

b

c

バター、オイル、添加物不使用の、軽やかで口溶けのよいフランス製のフィンガービスケット。シロップがよくしみ込み、クリームとの相性も抜群。なければスポンジケーキなどでもOK。

# 烏龍茶レアチーズケーキ

烏龍茶にはミルキーな材料が思いのほか合います。
レアチーズ生地に烏龍茶ゼリーをのせ、
底のカステラには烏龍茶をたっぷりしみ込ませて。
カステラが甘いからシロップを作る必要はありません。
いちごの甘酸っぱさもぴったりです。自由な組み合わせで召し上がれ。

## Ingredients

5〜6人分

［烏龍茶ゼリー］
烏龍茶の茶葉 … 6g
　　熱湯 … 220mℓ
粉ゼラチン … 5g
　　水 … 大さじ1½
グラニュー糖 … 20g

［チーズ生地］
クリームチーズ … 200g
グラニュー糖 … 30g
生クリーム（乳脂肪分35〜36%）… 200mℓ
粉ゼラチン … 5g
　　水 … 大さじ1½

［ボトム］
烏龍茶の茶葉 … 2g
　　熱湯 … 100mℓ
カステラ（市販）… 150g

［トッピング］
いちご … 5個
グラニュー糖 … 小さじ1

- - - - - - - - - - - - - - - - - - - -

［下準備］
・耐熱容器にクリームチーズを入れ、ラップをして電子レンジ（600W）で30秒ほど加熱してやわらかくする。
・ゼリー用、チーズ生地用の粉ゼラチンは、それぞれ分量の水にふり入れてふやかす。
・いちごはへたをとって1cm角に切り、グラニュー糖をまぶして冷蔵庫で冷やしておく。

［烏龍茶ゼリー］
**1**　烏龍茶の茶葉に分量の熱湯をかけ冷めるまでおき、鍋に漉し入れる。火にかけてグラニュー糖を加えて沸騰させ、火を止めてふやかしたゼラチンを加え、ゴムべらで混ぜて溶かす。
**2**　保存容器に移して冷まし、冷蔵庫で2時間以上冷やして固める。

［チーズ生地］
**3**　ボウルにクリームチーズとグラニュー糖を入れ、泡立て器でなめらかになるまで混ぜる。
**4**　耐熱容器に生クリーム50mℓを入れ、ラップをして電子レンジで30秒ほど温め、ふやかしたゼラチンを加えてゴムべらで混ぜて溶かす。これを3に加えてしっかりと混ぜる。
**5**　別のボウルに残りの生クリームを入れ、ツノがややおじぎをするくらいに泡立てる。4に加え、全体が均一になるまで泡立て器で混ぜる。

［ボトム・組み立て］
**6**　烏龍茶の茶葉に分量の熱湯をかけて冷めるまでおき、漉す。
**7**　カステラは1cm角に切ってグラスに分け入れ、6をかけてしみ込ませる。その上に5を入れ、冷蔵庫で2時間以上冷やして固める。
**8**　2をフォークでくずし（a）、冷え固まった7の上にのせ（b）、グラニュー糖でマリネしたいちごをあしらう。
⇒いちごの代わりにあんずのシロップ煮（ひたひたの水と好みの量の砂糖で干しあんずを煮る）もおすすめ。

a

b

# ジャスミンと
# アールグレイのティーゼリー

持ち味が違う2種のお茶を流し合わせてみたら、
うっとりするような美味な仕上がりに。
この組み合わせは南仏プロヴァンスの
自然派コスメからヒントを得ました。
互いの個性を引き立て合い、相乗効果でより深い味わいに。
ソースで一層香りが引き立ちます。

## Ingredients
### 6人分

［ ジャスミンゼリー／できあがり300mℓ ］
ジャスミンティーの茶葉 … 6g
　　熱湯 … 400mℓ
アガー … 7g
グラニュー糖 … 40g
［ アールグレイゼリー／できあがり300mℓ ］
アールグレイの茶葉 … 4g
　　熱湯 … 400mℓ
アガー … 7g
グラニュー糖 … 40g
［ ソース ］
牛乳または生クリーム
　　(乳脂肪分35〜36%) … 大さじ3
コンデンスミルク … 大さじ3

［ 下準備 ］
・ ジャスミンゼリー用、アールグレイゼリー
　用のアガーは、それぞれ分量のグラニュー
　糖とよく混ぜ合わせておく(a)。
　⇒砂糖に混ぜておくとダマになりにくくなる。

**1**　ジャスミンティーの茶葉に分量の熱湯をかけ、3分おいて漉す。

**2**　1を小鍋で温め直し、グラニュー糖と混ぜたアガーを加えてミニホイッパーで混ぜながら中火で1分ほど沸かしたら、火からおろす。

**3**　やや温かい状態(60度くらい)でグラスに2を注ぎ分けて、冷蔵庫で固める。

**4**　アールグレイの茶葉も1・2と同様にし、固まった3の上に流し入れて常温で固め、冷蔵庫で冷やす。

**5**　ソースの材料を混ぜ合わせ、4にかけて食べる。

a

アガーは海藻やマメ科の種子の
抽出物からできているパウダー
状の凝固剤。ゼラチンや寒天よ
りも透明度が高く、両方の中間
くらいの食感。お茶のタンニン
で白濁する心配がないのが強み。
常温で固まる。

ほうじ茶のヨーグルトアイス

ジャスミンティーのアイス

# ほうじ茶のヨーグルトアイス

フランスのパティシエからほうじ茶にヨーグルトを組み合わせたらおいしかったと聞き、
試して納得。ほんのりとした酸味がほうじ茶のやさしい味によく合います。

## Ingredients
### 3〜4人分

プレーンヨーグルト … 300g
生クリーム（乳脂肪分40％台）… 200mℓ
グラニュー糖 … 大さじ3
はちみつ … 大さじ3
ほうじ茶パウダー … 小さじ1

［下準備］
・ ヨーグルトはコーヒー用のペーパーフィルター（またはキッチンペーパー）などに入れ、冷蔵庫に入れて水切りする（水切り後約150g）。

**1** ボウルに生クリームとグラニュー糖を入れ、8分立て（ツノがゆるく立つくらい）にする。
**2** 別のボウルに水切りヨーグルトを入れて泡立て器でほぐし、はちみつを加えて混ぜる。
**3** 2に1を加えて均一になるまで混ぜ、ほうじ茶パウダーを加えてさらに混ぜる。
**4** 冷凍対応のふたつき保存容器に入れ、冷凍庫に3時間以上入れて凍らせる。
**5** アイスクリームディッシャーやスプーンで丸くすくって器に盛る。ほうじ茶パウダー（分量外）をふる。

# ジャスミンティーのアイス

ジャスミンティーは香りも味も強めなので生クリームに負けず、香り豊かなアイスが作れます。
ゼラチンを混ぜるとしゃりしゃりにならず、ねっとりなめらかな口当たりに。
マンゴーを添えて台湾スイーツのイメージに。

## Ingredients
### 3〜4人分

粉ゼラチン … 5g
水 … 大さじ1½
⇒粉ゼラチンを分量の水でふやかす。
A┌ ジャスミンティーの茶葉 … 6g
 │ 水 … 200mℓ
 │ グラニュー糖 … 大さじ1
 └ はちみつ … 大さじ2
B┌ 生クリーム（乳脂肪分40％台）… 200mℓ
 └ グラニュー糖 … 大さじ2
冷凍マンゴー（1cm角切り）… 適量

**1** 鍋にAを入れて沸騰させ、漉す。ふやかしたゼラチンを加え、ゴムべらで混ぜて溶かす。氷水に当ててとろみがつくまで混ぜながら冷ます。
**2** 別のボウルにBを入れ、ツノがぴんと立つまで泡立てる。
**3** 1に2の⅓量を加えて泡立て器でむらなく混ぜ、2に戻し入れてさらに混ぜる。
**4** 冷凍対応のふたつき保存容器に入れ、冷凍庫に3時間以上入れて凍らせる。
**5** アイスクリームディッシャーやスプーンで丸くすくって器に盛り、冷凍マンゴーを添える。

カモミールティーと
りんごのソルベ

ジャスミンティーと
パイナップルのソルベ

60

# カモミールティーとりんごのソルベ

花つきカモミールティーの癒やされるような甘やかな香りとりんごの甘酸っぱさが響き合います。
りんごを皮ごと使うことで、自然な愛らしいピンク色に。

## Ingredients
### 3〜4人分

りんご（あれば紅玉）… 1個（約200g）
A ┌ 水 … 200mℓ
  │ グラニュー糖 … 100g
  └ レモン果汁 … 小さじ½
カモミールティーの茶葉 … 3g
　熱湯 … 100mℓ

**1** りんごは皮をむいて6等分のくし形に切り、芯を取る。鍋に果肉と皮、**A**を入れ、オーブンシートで落としぶたをして中火にかける。沸騰したら弱火で5分ほど煮て、火を止めてそのまま冷ます。仕上がりの目安はりんごに透明感が出るくらい（**a**）。
**2** カモミールティーの茶葉に分量の熱湯をかけ、冷めるまでおく（**b**）。
**3** **1**をハンドブレンダーでピューレ状になるまで撹拌し、ざるなどで漉す（**c**）。**2**を漉し入れ（**d**）、冷凍対応のふたつき保存容器に入れ、冷凍庫に3時間以上入れて凍らせる。
**4** スープスプーンでラグビーボールのような形にすくい取り、器に盛ってカモミールティーの茶葉（分量外・あれば花）をあしらう。

a 　b 　c 　d

# ジャスミンティーとパイナップルのソルベ

フランスで出会ったお茶と果物のおいしい組み合わせをソルベで再現してみました。
お腹いっぱいの食後でも、お茶の風味で甘さがすっきりと味わえます。

## Ingredients
### 3〜4人分

パイナップル … 300g
グラニュー糖 … 100g
ジャスミンティーの茶葉 … 6g
　熱湯 … 100mℓ

**1** パイナップルにグラニュー糖をまぶし、果汁がたっぷりしみ出すまで冷蔵庫に入れておく。
**2** ジャスミンティーの茶葉はすり鉢で細かくすり、分量の熱湯をかけて冷めるまでおく。
**3** 鍋に**1**を汁ごと入れて中火にかける。**2**を漉し入れ、沸騰したら火を止めてそのまま冷ます。
**4** ハンドブレンダーでピューレ状になるまで撹拌し、冷凍対応のふたつき保存容器に入れ、冷凍庫に3時間以上入れて凍らせる。
**5** スープスプーンでラグビーボールのような形にすくい取り、器に盛る。ジャスミンティーの茶葉を粉状にすりつぶしたもの（分量外）をふる。

Column

# お茶のシロップ

お茶の風味の甘いものをすっきりと味わいたいときに便利なのが、
お茶のシロップ。かけたり割ったりするだけで、
香りがよくて清涼感のあるティースイーツを楽しめます。

### 左_**アールグレイシロップ** （作りやすい分量）

アールグレイの茶葉 … 6g
水 … 150㎖
グラニュー糖 … 90g

### 中_**ジャスミンティーシロップ** （作りやすい分量）

ジャスミンティーの茶葉 … 6g
水 … 150㎖
グラニュー糖 … 100g
はちみつ … 小さじ1

### 右_**ハイビスカスティーシロップ** （作りやすい分量）

ハイビスカス & ローズヒップティーの茶葉
　… ティーバッグ2袋（5g）
水 … 150㎖
グラニュー糖 … 75g
はちみつ … 大さじ1

**1**　小鍋に分量の水を入れて沸騰させ、茶葉を入れて火を止めて冷めるまでおく。
**2**　漉してグラニュー糖（とはちみつ）を加え、再び沸かして混ぜる。冷まして使う。
⇒保存する場合は清潔な容器に入れて冷蔵庫へ。2〜3週間を目安に使い切る。

アールグレイシロップを炭酸水で
好みの濃さに薄め、混ぜて香りの
よいアイスティースカッシュに。

市販の寒天にジャスミンティーシ
ロップをかけ、ミントをあしらって
上品なアジアンデザートに。

グレープフルーツをアールグレイ
シロップでマリネ。茶葉の粉を散
らし、果汁と混ざったシロップご
とスープのように味わって。

ハイビスカスティーシロップの天
然のやさしい赤い色が印象的なか
き氷。ハイビスカスの酸味は実は
甘みと相性抜群。あと味すっきり
のさわやかさ。

# お茶パフェ

お茶のお菓子をいろいろ作ったら、こんなパフェはいかが？
カリカリしたメレンゲやサブレ、口溶けのよいゼリーやババロアなどに、
季節の果物や市販のチョコレートなども組み合わせて自由に作りましょう。

## 紅茶パフェ

紅茶風味のパーツにいちじくを合わせ、香りのアクセントにハーブティーのパーツを盛り込みました。
使用パーツ：カモミールティーのメレンゲ(p.75) ／アールグレイのメレンゲ(p.75・棒状)／アールグレイゼリー(p.57)／チャイのパンナコッタ(p.45)／いちじく／ホイップクリームなど

## 抹茶パフェ

抹茶風味のパーツをベースにそば茶や中国茶のパーツを組み合わせた和風パフェ。
使用パーツ：抹茶のババロア(p.44)／そば茶のサブレ(p.67)／抹茶のラングドシャ（p.72）／烏龍茶クリームの黒糖シフォンケーキ(p.20)／ゆで小豆／ホイップクリーム／ミルクアイス／スティックチョコレートなど

Chapter.3

# 小さな
# お茶の菓子

クッキーなどのひと口菓子は、思い
立ってすぐに作れる気軽さと、失敗
なく作れるシンプルさが魅力。少量
でも作れるので、いろいろなお茶の
味を試すのにもぴったりです。お好
きなお茶でお試しください。

## アールグレイと
## フルーツジャムのクッキー

噛むたびにアールグレイの
ベルガモットの香りがあふれ出します。
甘酸っぱい果物との相性がよいので、
いちごやマーマレードなど好みのジャムをのせて。

作り方 _ p.68

## ほうじ茶の
## 絞り出しクッキー

ほうじ茶の茶葉を焼き込んだ
サクサクのクッキーでミルクチョコを
薄くはさみます。ほんの少しのチョコレートが
お茶の香ばしさを引き立てます。

作り方 _ p.68

## 抹茶のくるくるサブレ

抹茶とよく合うアーモンドパウダー入りの
生地を半分に分け、片方に抹茶を練り込みます。
重ねて巻いてスライスすれば、
かわいらしいうず巻き模様のできあがり。

作り方_p.69

## そば茶のサブレ

サクサク、カリコリ、噛みしめるうちに
そばの実がはじけて香ばしさが
口いっぱいに広がります。そば茶を軽く煎るのが、
あとを引くおいしさの秘訣。

作り方_p.69

# アールグレイとフルーツジャムのクッキー

## Ingredients

直径5cm／約30枚分

バター … 150g

粉砂糖 … 50g

牛乳 … 20g

卵白 … 1個分

薄力粉 … 150g

アールグレイの茶葉 … 4g

好みのフルーツジャム（いちごなど）… 適量

［下準備］

① バターは室温にもどす。

② 卵白は溶きほぐしてコシを切る。

③ 茶葉はすり鉢で細かくすりつぶす。

④ 天板にオーブンシートを敷く。

⑤ オーブンは160℃に予熱する。

**1** ボウルにバターと粉砂糖を入れ、泡立て器でなめらかになるまですり混ぜる。

**2** 牛乳を加えて全体になじむまで混ぜ、卵白を加えてさらにしっかり混ぜる。

**3** 薄力粉とアールグレイの茶葉を合わせてふるい入れ、ゴムべらで切るようにさっくりと混ぜる。粉けがなくなったら混ぜ上がり。

**4** 絞り袋に10切口金（#8）をつけ、**3**を入れる。直径5cmの輪をしぼり、真ん中に生地を絞って穴を埋める（**a**）。その上にスプーンでジャムをのせ（**b**）、160℃のオーブンで25分ほど焼く。

**a**   **b**

# ほうじ茶の絞り出しクッキー

## Ingredients

直径3cm／約40個（20組）分

バター … 150g　　卵白 … 1個分

粉砂糖 … 50g　　薄力粉 … 150g

牛乳 … 20g　　ほうじ茶の茶葉 … 2g

ミルクチョコレート … 30g

［下準備］

・ アールグレイクッキー（上記）の下準備と同じ。③でアールグレイの茶葉の代わりにほうじ茶の茶葉をすりつぶす。

**1** アールグレイクッキーの**1**・**2**と同様にする。

**2** 薄力粉とほうじ茶の茶葉を合わせてふるい入れ、ゴムべらで切るようにさっくりと混ぜる。粉けがなくなったら混ぜ上がり。

**3** 絞り袋に10切口金（#8）をつけて**2**を入れ、2.5cm大のシェル形に絞る（**a**）。

**4** 160℃のオーブンで25分ほど焼き、冷ます。

**5** ミルクチョコレートを湯煎で溶かし、**4**の平らな面にスプーンですくって少量のせてもう1枚ではさむ。冷蔵庫に入れて固まるまで冷やす。

**a**

# 抹茶のくるくるサブレ

### Ingredients
直径4cm／約25枚分

バター … 70g
粉砂糖 … 55g
卵(溶きほぐす) … ½個分

| A (抹茶生地用) | B (白生地用) |
|---|---|
| 抹茶 … 小さじ2 | 薄力粉 … 60g |
| 薄力粉 … 60g | アーモンドパウダー |
| アーモンドパウダー | … 10g |
| … 10g | |

［下準備］
・アールグレイとフルーツジャムのクッキー
　(p.68)の下準備 ①④⑤と同じ

**1** ボウルにバターと粉砂糖を入れ、泡立て器でなめらかになるまですり混ぜる。卵を加えて均一になるまで混ぜる。

**2** 1を2等分にし、それぞれをボウルに入れる。片方に**A**を合わせてふるい入れ、ゴムべらで粉けがなくなるまでさっくりと混ぜる。もう片方に**B**をふるい入れて同じように混ぜる。

**3** 抹茶生地と白生地をそれぞれめん棒で横20cm×縦15cmの長方形にのばし、抹茶生地は短い二辺の端を指でつぶして薄くして5mmずつ長くする。

**4** 30cm四方のオーブンシートの上に抹茶生地をのせて白生地を重ね(抹茶生地が両側からはみ出すように)、手でおさえてはり合わせる(a)。冷蔵庫で15分ほど休ませる。

**5** シートを手前から持ち上げて、はみ出した抹茶生地をしっかりと立ててから巻いていく。3〜4巻きしたら、上側のシートを進行方向に引っ張りながら最後まで巻く(b)。シートでくるみ、さらにラップで包み、冷凍庫で15分ほど休ませる。

**6** ラップとシートをはがし、ナイフで5mm厚さに切り、形がくずれていたら丸く整え、天板に並べる。160℃のオーブンで15〜20分焼く。

a　　　　　　　　b

# そば茶のサブレ

### Ingredients
3cm四方／72枚分

| | |
|---|---|
| バター … 70g | 薄力粉 … 140g |
| きび砂糖 … 55g | そば茶 … 大さじ2 |
| 卵(溶きほぐす) … ½個分 | |

［下準備］
・アールグレイクッキー (p.68)の下準備
　①④⑤と同じ
・そば茶はフライパンで軽くから煎りし、
　すり鉢で細かくすりつぶす。

**1** ボウルにバターときび砂糖を入れ、泡立て器でなめらかになるまですり混ぜる。卵を加えて均一になるまで混ぜる。

**2** 薄力粉をふるい入れ、そば茶も加えてゴムべらでさっくりと切るように混ぜる。粉けがなくなったら混ぜ上がり。

**3** 生地をめん棒で18cm四方の正方形にのばす(2枚できる)。冷凍庫で15分ほど休ませる。

**4** 3cm四方に切り(a)、天板に並べて160℃のオーブンで15〜20分焼く。

a

# ハーブティーのボルボローネ

スッと清涼感のあるミントベースのミックスハーブティーを生地に練り込みます。
粉を乾燥焼きすることで、ホロホロともろく、口の中で静かに溶けていく食感に。
小さく丸めるのがおいしさのコツです。

## Ingredients
### 直径2cm／約25個分

バター … 100g
粉砂糖 … 60g
薄力粉 … 110g
アーモンドパウダー … 30g
ミックスハーブティーの茶葉 … 3g
ミントの葉(生・あれば) … 6〜7枚
[仕上げ]
グラニュー糖 … 20g
ミントの葉(生・あれば) … 少々
ミックスハーブティーの茶葉 … 1g
粉砂糖 … 20g

[下準備]
・天板にオーブンシートを敷いて薄力粉を
　広げ、130℃のオーブンで1時間ほど焼き、
　取り出して冷ましておく。
・バターは室温にもどす。
・茶葉とミントの葉はすり鉢で細かくすり
　つぶす。
・天板にオーブンシートを敷く。
・オーブンは160℃に予熱する。

**1** ボウルにバターと粉砂糖を入れ、泡立て器で
なめらかになるまですり混ぜる。
**2** 準備した薄力粉とアーモンドパウダー、茶葉、
ミントの葉を合わせてふるい入れ、ゴムべらで切
るようにさっくりと混ぜる。粉っぽさがなくなった
ら混ぜ上がり。
**3** 生地を手でぎゅっと押し固め、手のひらでこ
ろがして直径2cm大に丸め(a)、天板に並べる。
⇒まとまりにくい生地なので手で押し固める。大きくま
とめると食感が悪くなるので小さく丸める。
**4** 160℃のオーブンで表面がしっかり乾燥する
まで10〜12分焼く。取り出して5分ほどおく。
**5** グラニュー糖、ミント、ミックスハーブティー
の茶葉をミキサーで撹拌し、容器に取り出して粉
砂糖を加えて混ぜる。
**6** 4がまだ温かいうちに5の中でころがしてまぶ
す(b)。

a

b

ミックスハーブティーはミント、
レモンバーベナやレモングラス
などがミックスされたものがお
すすめ。あればフレッシュのミ
ントも合わせるとより風味が増
す。

# 抹茶のラングドシャ

抹茶入りのグリーンの生地でホワイトチョコ仕立てのガナッシュをサンド。
抹茶のほろ苦さとガナッシュの濃厚な甘さが互いを引き立て合います。
天板を下から叩いて薄くするのがポイントです。

## Ingredients
直径4cm／20枚分（10組分）

卵白 … 1個分
粉砂糖 … 30g
バター … 30g
薄力粉 … 20g
抹茶 … 3g
［ガナッシュ／作りやすい分量］
バター … 20g
ホワイトチョコレート … 30g

［下準備］
・ バターは湯煎で溶かす。
・ 天板にオーブンシートを敷く。
・ オーブンは180℃に予熱する。

**1** ボウルに卵白を入れて溶きほぐし、粉砂糖を加えて泡立て器でしっかりと混ぜ合わせる。溶かしバターを加えてなじむまで混ぜる。

**2** 薄力粉と抹茶を合わせてふるい入れ、泡立て器で粉けがなくなるまで混ぜる（**a**）。

**3** 丸口金（#10）をつけた絞り袋に生地を入れ、天板に直径2cmくらいに丸く絞る（**b**）。
⇒天板の裏側を使うと縁がなくて絞りやすい。

**4** 天板を持ち上げて、裏側からトントンと叩いて（**c**）生地を直径3.5cmくらいに薄くのばす（**d**）。

**5** 180℃で10分焼き、やわらかければさらに2〜3分ほど焼く（縁が色づくくらい）。オーブンから出し、天板にのせたまま冷めるまでおく。

**6** ガナッシュ用のバターとホワイトチョコレートを耐熱容器に入れ、湯煎で溶かして混ぜる。スプーンですくって**5**の平らな面にのせ（**e**）、もう1枚ではさむ。冷蔵庫に入れて固まるまで冷やす。

a  b  c

d  e

# お茶のムラングシャンティー

カシャッとはかなく砕けて、口の中ですーっと溶けていくメレンゲの繊細さが好きです。
お茶の味をストレートに出せるので、ぜひお好みの茶葉でどうぞ。
クリームを添えるとまろやかさが加わって、夢見心地の味わいに。
湿気やすいので食べる直前に添えて。

## Ingredients
### 3cmのロザスの場合20個分

卵白 … 1個分（30g）
グラニュー糖 … 30g
粉砂糖 … 30g
茶葉（以下から好みのものを選ぶ）
| アールグレイの茶葉 … 2g
| カモミールティーの茶葉 … 2g
| ほうじ茶パウダー … 2g
生クリーム（乳脂肪分35〜36%）… 適量

- - - - - - - - - - - - -

［下準備］
・ 茶葉（パウダー以外）はすり鉢で細かくすりつぶす。
・ 天板にオーブンシートを敷く。
・ オーブンは110℃に予熱する。

**1** ボウルに卵白を入れ、ハンドミキサーの高速で泡立てる。白っぽくなってきたら、グラニュー糖を少量ずつ加えながら、つやが出て、ぴんとツノが立つまで泡立てる（a）。

**2** 1に粉砂糖と好みの茶葉（またはパウダー）を合わせてふるい入れ、ゴムべらで泡をつぶさないように、切るようにさっくりと混ぜる。完全に混ざったら混ぜ上がり。

**3** 10切口金（#8）をつけた絞り袋に2を入れ、天板にロザス（b）、8の字（c）など、好みの形に幅3cmくらいに絞る。
⇒絞り袋がなければ、スプーン2本で丸く落としてもいい（d）。

**4** 110℃のオーブンで70〜90分焼き、スイッチを切ったオーブン庫内に冷めるまで放置して乾燥させる。生クリームを8分立てにして、メレンゲ2枚ではさんだり、上に絞ったりする。上に茶葉（分量外）をふり、好みで果物をのせてもいい。
⇒仕上がりの目安はかじってみてサクッとしていること。保存は密閉容器に乾燥剤とともに入れて冷蔵庫へ。
⇒フレーバーを何種類も作りたければメレンゲの量を倍にして作り、天板2枚に絞って2枚同時に焼く。

a　b
c　d

## ジャスミンティーの
## 生チョコレート

濃厚で甘いホワイトチョコレートには、
ジャスミンティーのように味も香りも
強いお茶が好相性。
レモンの皮とココナッツをまぶして、
さわやかさとしゃりしゃり感をプラス。

## そば茶とナッツの
## マンディアン

そば茶入りのボンボン・オ・ショコラを
フランスで食べてそば茶の魅力に開眼。
ナッツも混ぜて噛みしめて味わう仕立てに。
粗塩をぱらりとのせて塩けもプラス。
あとを引くおいしさです。

# ジャスミンティーの生チョコレート

### Ingredients

2.5cm四方×厚さ約1cm ／ 16個分

ホワイトチョコレート（刻む）… 200g
ジャスミンティーの茶葉 … 12g
　熱湯 … 大さじ2
生クリーム（乳脂肪分35〜36%）… 100mℓ
レモンの皮（すりおろし）… ½個分
ココナッツファイン … 50g

- - - - - - - - - - - - - - - - - - -

［下準備］

・ ジャスミンティーの茶葉はすり鉢で細か
　くすりつぶす。
・ 12cm四方の型や容器にオーブンシート
　を敷き込む。

**1**　ホワイトチョコレートをボウルに入れ、湯煎
で溶かし、そのまま保温する。
**2**　小鍋にジャスミンティーの茶葉と分量の熱湯
を入れ、冷めるまでおく。生クリーム、レモンの
皮の半量を加えて沸騰直前まで温め、漉す。
**3**　**2**を**1**に加えてゴムべらでよく混ぜる。準備し
た容器に流し入れ、ラップをして冷蔵庫で1時間
以上冷やす。
**4**　オーブンシートごと容器から取り出し、2.5cm
四方に切る。ココナッツファインに残りのレモンの
皮を混ぜ、チョコレートにまぶす（**a**）。

a

# そば茶とナッツのマンディアン

### Ingredients

直径3cm ／ 約16個分

そば茶 … 20g
ミルクチョコレート（刻む）… 100g
バター … 10g
マカデミアナッツ（無塩）… 40g
ミニマシュマロ（あれば）… 15g
粗塩 … 少々

- - - - - - - - - - - - - - - - - - -

［下準備］

・ マカデミアナッツは170℃のオーブンで7
　分ほど焼く。うち8個は半分に切る（飾り
　用）。
・ ミニマシュマロは飾り用に⅓を取り分け
　る。

**1**　そば茶はフライパンでさっとから煎りし、す
り鉢で細かくすりつぶす（**a**）。
**2**　ボウルにミルクチョコレートを入れ、バター
を加えて湯煎で溶かし、ゴムべらでむらなく混ぜる。
**3**　**2**に**1**を加え、飾り用以外のマカデミアナッツ
とマシュマロを加えて混ぜる。
**4**　バットにオーブンシートを敷き、**3**をスプーン
で直径3cm大に丸く落とし（**b**）、飾り用のマカデ
ミアナッツとマシュマロをのせ、粗塩をふる。冷
蔵庫で1時間以上冷やして固める。
⇒バットは裏返して使うと縁がなくて作業がしやすい。

a　　　　　　　　　　　　b

# INDEX ［お茶別インデックス］

## 若山曜子

料理・菓子研究家。東京外国語大学フランス語学科
卒業後、パリへ留学。ル・コルドン・ブルーパリ、エコー
ル・フェランディを経て、「フランス国家調理師資格」
(C.A.P)を取得。パリのパティスリーやレストランで
研鑽を積み、帰国後は雑誌や書籍のほかカフェや企業
のレシピ開発、料理教室の主宰など幅広く活躍中。お
菓子・料理ともに作りやすく、見た目も美しいと評判
が高い。著書に『レモンのお菓子』『新版 いちごのお
菓子』『新版 バットや保存袋で作れる アイスクリーム
＆アイスケーキ』(すべてマイナビ出版)、『はじめま
して、おやつ』(マガジンハウス)『溶かしバターで作
るワンボウルのお菓子』(主婦と生活社)ほか多数。

インスタグラム　@yoochanpetite
ホームページ　http://tavechao.com/

# お茶のお菓子

抹茶、ほうじ茶、紅茶、烏龍茶 …
香り豊かなお茶を加えればお菓子がもっと美味しくなる

2024年5月15日　初版第一刷発行
2024年6月20日　初版第二刷発行

著　者　若山曜子
発行者　角竹輝紀
発行所　株式会社マイナビ出版
　　　　〒101-0003
　　　　東京都千代田区一ツ橋2-6-3
　　　　一ツ橋ビル2F
電　話　0480-38-6872(注文専用ダイヤル)
　　　　03-3556-2731(販売部)
　　　　03-3556-2735(編集部)
MAIL　pc-books@mynavi.jp
URL　https://book.mynavi.jp
印刷・製本　図書印刷株式会社
落丁・乱丁本は送料小社負担でお取り替えいたします
禁無断複写・転載

撮影　木村拓(東京料理写真)
スタイリング　城素穂
デザイン　福間優子
ライティング　美濃越かおる
校正　菅野ひろみ
調理アシスタント　菅田香澄

[材料協力]
株式会社cotta
https://www.cotta.jp/

[小道具協力]
UTUWA
AWABEES

ISBN 978-4-8399-8440-3
©2024 Yoko Wakayama
©2024 Mynavi Publishing Corporation
Printed in Japan